KB268872

추천 · 감수 **김완기**
한국아동문학회 중앙위원장, 한국아동문학연구회 수석부회장, 국제펜 · 한국문인협회 ·
한국저작권협회 회원. 서울서래초등학교 교장 역임. 서울신문 신춘문예에 동시가 당선되었고,
한국아동문학작가상, 한정동아동문학상, 대한민국동요대상 등을 수상했습니다.
동화집 〈내 배꼽이 더 크단 말이야〉, 동시집 〈엄마, 이게 행복인가 봐〉,
이야기책 〈마음을 따뜻하게 해 주는 101가지 작은 이야기〉 등 다수의 어린이 책을 썼습니다.

추천 · 감수 **이창수**
한국문인협회 아동문학분과 회장, 한국아동문학회 부회장, 국제펜 회원이며,
어린이 전문 출판사의 편집장 등을 역임했습니다. 한국아동문예작품상, 한국아동문예상,
한국아동문학작가상, 김영일아동문학상 등을 수상했습니다. 〈정수가 위험해〉, 〈우주 여행〉,
〈공포의 진주 동굴〉, 〈따뜻한 남쪽 나라〉 등 다수의 어린이 책을 썼습니다.

추천 · 감수 **김병규**
한국일보 신춘문예 동화 부문과 중앙일보 신춘문예 희곡 부문에 각각 당선된 뒤 활발한
창작 활동을 하고 있습니다. 〈희망을 파는 자동판매기〉, 〈나무는 왜 겨울에 옷을 벗는가〉,
〈요리사의 입맛〉, 〈그림 속의 파란 단추〉, 〈아침에 부르는 자장가〉 등의 작품을 발표하였으며,
대한민국문학상, 소천아동문학상, 해강아동문학상 등을 수상하였습니다.
현재 소년한국일보 편집국장으로 일하고 있습니다.

글 **민혜정**
연세대학교 국어국문학과와 서울예술대학 문예창작학과를 졸업하고, 독서 창의력 교실 '글밭' 을
운영하였습니다. 논술아카데미 논술 교사를 거쳐 현재 초등학교 논술 교사로 근무 중이며,
갈릴레이 테마명작 〈그리스 신화〉, 〈노인과 바다〉 등을 엮었습니다.

그림 **김세현**
경희대학교 미술대학에서 동양화를 공부하였으며, 〈외딴 마을 외딴 집에〉로
출판미술대상을 수상하였습니다. 〈저 하늘에도 슬픔이〉, 〈부숭이는 힘이 세다〉,
〈아름다운 수탉〉, 〈모랫말 아이들〉 등의 그림책 그림을 그렸습니다.

〈헤밍웨이 테마 위인〉은 탁월한 작품성을 인정받아, 어
린이 문화 발전을 위해 아동 문학가, 동요 작곡가, 일
선 학교 선생님 등 700여 분이 모인 단체인 사단 법인
어린이문화진흥회의 **좋은 책 선정 위원회**가 뽑은
최우수 도서상을 수상하였습니다.

한국헤밍웨이의 도서를 구입하신 곳에서 **한국헤밍웨
이 무료교육센터**의 회원증을 발급해 드립니다. 회원
증을 갖고 교육센터에 오시면 등록 후 무료 교육을 받
으실 수 있습니다. 센터는 현재 분당연구개발원 1층
에 있으며, 앞으로 전국 주요 도시에 더 많은 무료교
육센터가 세워질 예정입니다. 자세한 내용은 한국헤
밍웨이 홈페이지를 참고해 주십시오.

헤밍웨이 테마 위인 72

이이

펴 낸 이　　전병용
펴 낸 곳　　(주)한국헤밍웨이
주　　소　　서울특별시 송파구 석촌동 7-3번지
대표전화　　(02)470-7722 · 475-2772
팩　　스　　(02)470-8338 · 475-2552
연구개발원 · 회원무료교육센터
주　　소　　경기도 성남시 분당구 금곡동 444-148
대표전화　　(031)715-7722 · 715-8228
팩　　스　　(031)786-1100 · 786-1001
고객문의　　080-715-7722
출판등록　　제17-354호
기　　획　　김현정, 이은선, 정강호
편　　집　　박종휘, 조애경, 임미옥, 이영혜, 황혜전, 왕혜선, 조선학
디 자 인　　전경숙, 한유영, 조수진, 김지혜, 안성하, 이정하, 김진아, 정년화

조선 유학의 큰 스승

이이

글 | 민혜정　　그림 | 김세현

한국헤밍웨이

신사임당*은 아기를 낳기 전에 이상한 꿈을 꾸었어요.
꿈 속에서 검은 비늘에 금빛 테를 두른 커다란 용이
하늘을 훨훨 날아오르더니,
신사임당이 자고 있는 방으로 들어오는 꿈이었지요.

*신사임당 : 조선 시대 전기에 활동한 한국 최고의 여류 화가예요.
　　　　　글도 잘 썼으며, 현모양처로도 이름이 높아요. 율곡 이이의 어머니랍니다.

그리고 얼마 후,
신사임당은 건강한 사내아이를 낳았어요.
아버지 이원수는 활짝 웃으며 말했어요.
"아기가 총명해 보이는구려.
지난번 당신이 꾼 꿈도 있고 하니,
이름을 '현룡' 이라고 지으면 어떻겠소?"
이 아기가 바로 조선 시대 대학자이며,
정치가였던 율곡 이이예요.

어느덧 현룡은 여덟 살이 되었어요.
현룡의 가족은 경기도 파주에 있는 율곡촌에 내려가
살게 되었어요.
율곡촌은 조상 대대로 살아온 고향이었지요.
"어머니, 저 정자*로 가 봐요."
어느 날 현룡은 어머니 신사임당과 함께 정자에 올랐어요.
"현룡아, 이 정자의 이름은 화석정이란다."
"어머니, 경치가 정말 아름다워요!"
화석정에서는 아름다운 율곡촌이 한눈에 들어왔어요.

*정자 : 경치가 좋은 곳에 놀기 위해 지은 작은 집이에요.

현룡은 율곡촌의 아름다운 모습을 보고 훗날
자신의 호를 '율곡'이라 지었어요.
현룡은 그 후로도 자주 신사임당과 화석정에 올라
시를 짓고는 했어요.

그러던 어느 날, 아버지 이원수가 병으로
자리에 눕게 되었어요.
현룡은 아버지의 병이 나을 수만 있다면,
무슨 일이든 하겠다고 다짐*했지요.

*다짐 : 마음이나 뜻을 굳게 가다듬어 정하는 것이에요.

'사람의 손가락에서 나오는 피가 약이 될 수도 있다는데…….'
현룡은 칼로 손가락을 베어, 거기서 흘러나온 피를 아버지의
입 속으로 흘려 넣었어요. 아버지의 병은 곧 씻은 듯이 나았어요.
어느 날 이원수의 꿈에 한 신령*이 나타나 말했어요.
"현룡은 나라의 큰 기둥이 될 인물이니, 이름을 '이'라고 하시오.
'이'는 '귀고리 옥'을 뜻하며, 귀한 인물을 나타내는 말이라오."
꿈에서 깨어난 이원수는
신령의 말대로 현룡을 '이'라고 부르기로 했어요.
이 때부터 현룡은 이이가 되었어요.

*신령 : 신기한 힘을 지닌, 산 속 깊은 곳에서 사는 신과 같은 사람이에요.

이이는 열세 살 때 과거 시험을 보았어요. 시험을 보러 온
선비들이 어린 이이를 보고 한 마디씩 했지요.
"저 아이 좀 봐. 저렇게 어린 아이도 시험을 보러 왔단 말이야?"
"그러게 말일세. 아들 같은 녀석과 시험을 봐야 하다니."
'난 꼭 과거에 급제*하여 부모님을 기쁘게 해 드릴 거야.'
이이는 못 들은 척하며 열심히 글을 지어 내려갔어요.
해가 뉘엿뉘엿 질 때야 결과가 발표되었어요.

"오늘의 장원*은 이이 선비요."
어리다고 비웃던 선비들은 깜짝 놀랐어요.
한편으로는 부러운 눈으로 이이를 바라보았어요.

*급제 : 과거 시험에 합격하는 것을 말해요.
*장원 : 과거 시험, 특히 갑과에서 첫째로 급제하거나,
　　　　급제한 사람을 가리키는 말이에요.

이이가 열여섯 살이 되던 해에 아버지 이원수는
평안도로 일을 보러 가면서, 큰아들과 이이를 데리고 갔어요.
그런데 건강이 좋지 않던 신사임당이 남편과 두 아들을
떠나보내고 자리에 눕고 말았지요.
"부디 아버지를 잘 모시고 형제간에 사이좋게 지내거라."
신사임당은 집에 남아 있는 두 아들에게 이렇게 말하고 숨을 거두었어요.

그 때 이이는 아버지와 형과 함께
집으로 돌아오는 중이었지요.
그런데 짐 속에 있던 놋그릇이 까맣게 변해 있는 것을 발견했어요.
세 사람이 집으로 돌아왔을 때는 이미 어머니 신사임당이
숨을 거둔 뒤였지요. 이이는 3년 동안 어머니를 생각하면서
무덤 옆에 움막을 짓고 살았답니다.

어머니의 삼년상을 마친 이이는 금강산에 있는 절에 들어가
불경*을 공부하기 시작했어요.

16

다른 사람들이 10년이 걸려야 끝나는 공부를 그는 1년 만에 마쳤지요.

하루는 이이가 깊은 산 속에서 도를 닦는 늙은 스님을 만났어요.

"세상에 진리는 하나라고 생각합니다.

그리고 사람은 말을 함으로써 진리를 찾고 확인하며,

유교도 불교도 말을 떠나서는 진리를 전할 수 없다고 생각합니다.

스님은 어떻게 생각하십니까?"

"당신은 참으로 훌륭한 선비이십니다."

이이는 시 한 편을 남기고 절을 내려왔지요. 이이가 다시 그 곳을

찾았을 때, 그 자리에는 부처가 앉아 있었어요. 이이는 깨달은 바가 있어

부처에게 절하고 집으로 돌아와 열심히 공부했어요.

*불경 : 불교의 가르침을 적어 놓은 책이에요.

이이는 스물두 살 때, 경상도 성주에서 지냈어요.

이 무렵, 안동에는 그 당시 최고의 학자인 퇴계 이황이 살고 있었어요.

이황은 안동에 서당을 짓고 학문을 연구하며

제자들을 가르치고 있었지요.

1558년 봄, 이이는 안동으로 이황을 찾아갔어요.

"선생님의 가르침을 받고 싶어서 찾아왔습니다."

두 사람은 밤이 깊어 가는 줄도 모르고 이야기를 나누었어요.
이이는 시를 지어 이황에게 보였어요.
"오호, 참으로 훌륭한 솜씨로다!"
이황은 이이의 시를 칭찬해 주었어요.
두 사람은 서로의 인품*과 학문에 크게 감동받았어요.

*인품 : 사람의 됨됨이를 말해요.

“이이 선비가 이번 과거 시험에서도 장원을 했다지?”
“정말 대단한 사람이야. 어떻게 아홉 번이나 장원을 하지?”
“그렇게 훌륭한 분이 나랏일을 하면 정말 잘할 거야.”
임금님은 이이 같은 뛰어난 인재*를 뽑았다고 매우 기뻐했어요.
이제 백성들 중에 이이를 모르는 사람은 아무도 없었어요.
이이는 이 때부터 벼슬길에 오르게 되었어요. 얼마 뒤, 이이는
이조 좌랑이라는 벼슬을 하게 되었는데, 이조는 관리들을 뽑는 일을
맡아 하는 곳이었지요. 이이는 벼슬을 돈으로 사고 팔지 못하게 하고,
아무리 부자라도 능력이 없으면 자리에서 물러나게 했어요.

*인재 : 학문이나 능력이 뛰어난 사람을 말해요.

어느 해 봄에 큰 흉년*이 들었어요.
백성들은 농사가 잘못되어 굶주림에 시달렸지요.
이이는 백성들에게 곡식을 내줄 것을 임금님에게 부탁했어요.
"전하, 많은 백성들이 굶주리고 있사옵니다.
더 이상 백성들이 굶주리고 헐벗지 않도록 살펴 주시옵소서."

*흉년 : 농작물이 잘 되지 않은 해를 말해요.

이이는 백성들이 가난에서 벗어날 수 있는 길을 연구하여
'사창 제도'를 주장했어요.
'사창'이란 오늘날의 은행과 같은 곳이에요. 곡식을 거두어들이는
가을에 모아 두었다가, 먹을 것이 부족해진 봄에 백성들이
곡식을 빌릴 수 있게 하는 것이지요.
백성들은 모두 이이에게 고마워했어요.

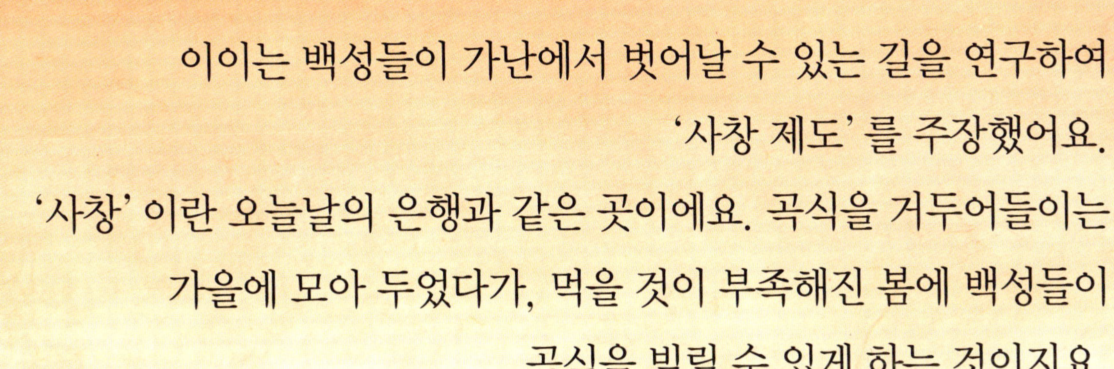

이이는 마흔한 살 때 벼슬을 그만두고, 파주의 율곡촌으로 돌아갔어요.
그러자 평소에 이이의 학문과 덕*을 존경하던 선비들이
하나 둘씩 찾아오더니 그 수가 점점 늘어났지요.
"배우기 위해 찾아오는 선비들은 이렇게 많은데,
 공부할 곳이 마땅치 않으니……."
이이는 그것을 무척 안타까워했어요.
"선생님, 걱정하지 마십시오. 저희들이 집을 짓겠습니다."
이이는 직접 집 지을 곳을 찾아 주었고
그 집을 '은병정사'라고 이름지었지요.

임금님이 다시 이이를 불렀지만,

이이는 자신의 뜻을 밝히고, 벼슬을 거절했어요.

젊은이들을 가르치는 일에

더 큰 뜻을 품었기 때문이지요.

*덕 : 마음이 바르고 사람의 도리를 잘 지키는 넓은 마음,
　　또는 그런 마음을 가진 품성을 뜻해요..

그러나 이이는 임금님의 청을 더 이상 뿌리칠 수 없어서
다시 벼슬길에 올랐어요.
그 당시는 천민*들은 아무리 공부를 잘 해도
과거를 볼 수 없고 관리가 될 수 없었어요.
이이는 군대에 들어오면 신분이 낮은 사람도 과거를 볼 수 있게 하고,
남의 종으로 있던 사람도 평민으로 신분을 높여 주겠다고 했어요.
또한 10년 안에 반드시 다른 나라가 쳐들어올 거라며,
미리 10만 명의 군사를 모아 훈련시키자고 했어요.
"10만이나 되는 군사를 뽑으면, 누가 농사를 짓는단 말이오?"
"이렇게 평화로운데 무슨 전쟁이 일어난다고 야단이람."
그로부터 9년 뒤, 임진왜란이 일어났지요.
이를 반대하던 사람들은 그제야 이이에게 머리를 숙였어요.

*천민 : 종이나 백정처럼 천한 계급에 속한
사람들을 말해요.

그 후에도 이이를 못마땅하게 여긴 사람들은
이이를 몰아 내려고 온갖 나쁜 말로 비난하고 공격했어요.
"더 이상 이이를 험담*하거나 비난하는 자는
용서치 않으리라!"
임금님은 이이를 아끼는 마음에서 그를 감싸 주었어요.

*험담 : 남의 흠을 들추어 헐뜯는 말이에요.

얼마 후, 이이는 벼슬을 내놓고 고향으로 내려가
제자들을 가르치며, 몸과 마음의 피로를 풀었어요.
임금님은 또다시 이이에게 벼슬을 내려 돌아오라고 했지만,
이이는 그럴 때마다 벼슬을 마다했지요.
"아, 이토록 바른 사람이 내 곁에 없는 것이 참으로 아쉽도다!"
임금님은 현명*한 신하를 곁에 두지 못하는 것이
못내 아쉬웠어요.

*현명 : 어질고 슬기로워 사리에 밝은 것이에요.

임금님은 다시 이이에게 이조 판서의 벼슬을 주고 무조건
올라오라고 명령했어요. 이이는 명령을 따를 수밖에 없었어요.
"내 명령을 거절하지 않고 와 주어서 매우 기쁘오."
"전하, 몇 번이나 전하의 명령을 어기고 거절하는 것은
신의 부족함을 알기 때문이옵니다. 부디 소신에게
고향으로 내려가도록 명령을 다시 내려 주시옵소서."

임금님은 이이의 마음을 이해하면서도 끝내
그의 청을 들어주지 않았어요.
이이는 이조 판서*가 된 지 두 달 만에
갑자기 병으로 자리에 눕게 되었어요.
임금님은 어떻게든 이이를 살리려고
유명한 의원이란 의원은
모두 보내 주었어요.
하지만 그의 병은 좀처럼
낫지 않았어요.

*이조 판서 : 조선 시대, 이조의 정이품
　　　　　으뜸 벼슬을 말해요.

1584년 1월, 이이는 자는 듯이 조용히 눈을 감았어요.
임금님은 이이가 세상을 떠났다는 소식을 듣고, 사흘 동안
고기 반찬을 올리지 못하게 하고, 신하들도 만나지 않은 채
슬픔에 젖어 있었다고 해요. 또 많은 선비들이 가슴을 치고
울었으며, 백성들도 모두 그의 죽음을 슬퍼했지요.
율곡 이이는 높은 벼슬을 지냈지만, 남긴 재산이라고는
제자들을 가르치고 있을 당시 손수 대장간에서 만든 부시*
쌈지*뿐이었어요. 뿐만 아니라 죽은 뒤에 입는 수의도
마련하지 못해 남의 것을 빌려다가 입혔어요. 그만큼 이이는
벼슬을 하면서도 청렴 결백*했답니다.

*부시 : 부싯돌을 쳐서 불이 일어나게 하는 쇳조각이에요.
*쌈지 : 담배, 부시 등을 담는 주머니예요.
*청렴 결백 : 마음이 맑고 깨끗하며 욕심이 없는 것을 말해요.

이이의 발자취
(1536~1584년)

▲ 율곡 기념관. 자운 서원 안에 있어요

▼ 강릉에 있는 오죽헌. 이이는 맨 오른쪽에 있는 몽룡실에서 태어났어요.

▼ 율곡의 부모님인 신사임당과 이원수가 함께 묻혀 있는 합장묘.

▲ 신사임당 시비. '어머님 그리워' 가 새겨져 있어요

▼ 〈초충도〉 중 '수박과 들쥐'
신사임당 그림. 국립 중앙 박물관
소장.

▲ 이이의 어머니 신사임당의
영정

교과서에 나오는 인물 시대사

퇴계 이황의 학문과 덕을 기리기 위해 안동에 세운 도산 서원. 이이는 한때 이황을 찾아가 서로 학문을 토론했어요.

율곡 이이 동상.

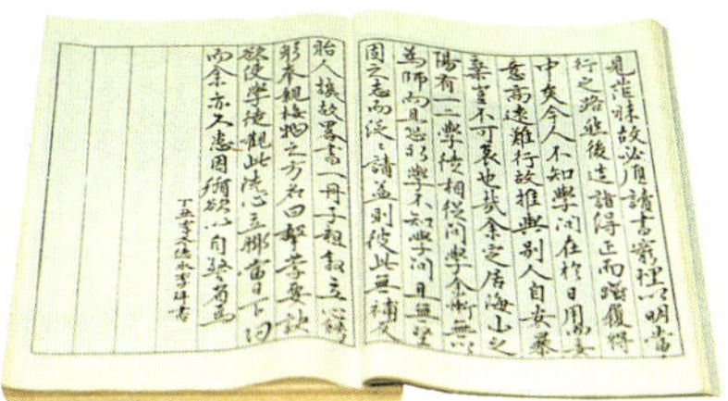
▲ 〈격몽요결〉
1577년에 율곡 이이가 편찬한 책으로, 학문을 처음 시작하는 사람들을 가르치기 위한 생활 교육 지침서예요.

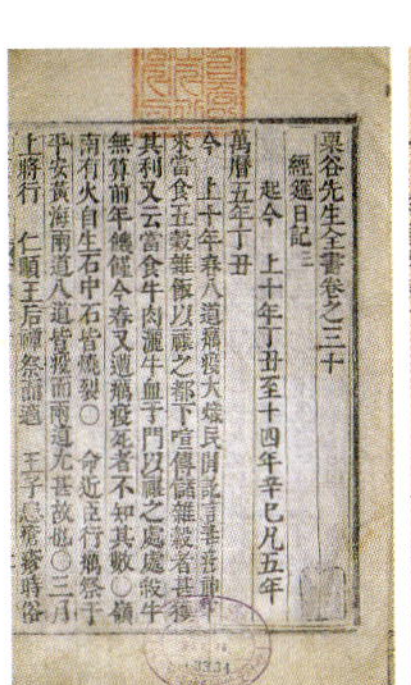
▲ 〈율곡전서〉.

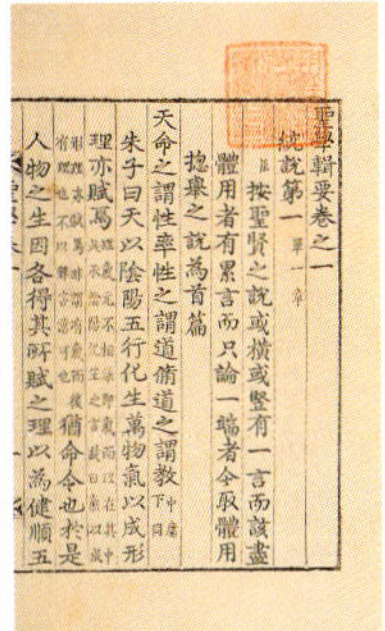
▲ 〈성학집요〉.

조선 시대 선비의 사랑방에 있는 서가를 그린 이형록의 〈책가문방도 8곡병〉.

이이의 생애	한국사 주요 사건	세계사 주요 사건
1536년 강릉 북평촌 (지금의 죽헌동)에서 태어남.	주세붕, 백운동 서원 설립(1543).	칼뱅, 종교 개혁(1541). 코페르니쿠스, 지동설 발표(1543).
1548년 진사 초시에 장원 급제함.	시경승에게 도첩 발급 (1551).	프랑스 국왕 앙리 3세 출생(1551).
1554년 불교를 공부하기 위해 금강산으로 감.	조선 중종 때의 학자 주세붕 사망. 을묘왜변(1555).	중국 산시 대지진으로 85만 명 사망(1556).
1558년 퇴계 이황을 만남.	이지함, 〈토정비결〉 지음(1561). 승과 폐지(1566).	영국 여왕 엘리자베스 1세 즉위.
1569년 〈동호문답〉을 써서 선조에게 올림.		토스카나 대공국 성립.
1570년 병으로 벼슬을 내놓고 해주로 내려감.	퇴계 이황 사망.	
1571년 파주의 율곡촌으로 감.	성리학자 기대승 사망 (1572).	레판토의 해전.
1574년 대사간을 지낸 뒤, 병을 핑계로 벼슬에서 물러남. 다시 황해도 관찰사에 임명됨.	안동에 도산 서원을 세우고 이황을 제향함. 심의겸, 김효원의 동서 당론이 일어남 (1575).	브라질에서 흑인 노예 수입 시작.
1577년 〈격몽요결〉을 완성하고, '해주 향약'과 '사창'을 의논하여 세움.		영국 탐험가 드레이크, 세계 일주 항해 시작.
1578년 해주 석담에 '은병정사'를 지음.		네덜란드, 독립 선포 (1581).
1583년 10만 양병설을 주장하고 벼슬에서 물러남. 다시 이조 판서가 됨.		갈릴레이, '흔들이의 등시성' 발견.
1584년 세상을 떠남.		네덜란드 빌렘 암살당함.

학문적 친구였던 이황과 이이

이황과 이이는 각각 조선 시대에 깊이 있는 학문으로 우뚝 선 분들이에요. 그런데 두 사람이 주장한 학문에는 차이가 있었어요. 조선의 학문은 이 두 사람의 학문을 기본으로 하여 두 갈래로 나뉘게 되었지요.

이황과 이이는 조선 시대 가장 번성했던 학문인 '성리학'에 대한 깊은 연구로 아주 유명해요. 그러나 이 두 사람의 이론은 서로 달랐어요. 이황의 이론은 '주리론'이라 하고, 이이의 이론은 '이기론'이라 하지요. 이 때 두 갈래로 나뉜 학파는 훗날 서로 내 입장은 옳고 너의 입장은 그르다는 식의 싸움의 원인이 되기도 했답니다. 이황과 이이가 알았다면 아주 안타까워했을 일이지요. 이처럼 두 학자는 세상을 보는 눈도, 학문을 이해하는 방향도 서로 달랐지만, 서로의 의견을 존중하였어요. 이황과 이이는 나이 차이가 많이 나는데도 불구하고, 서슴없이 의견을 나누는 친구 같은 사이였다고 해요. 나이가 위인 이황은 이이의 재주를 무척 아꼈으며, 이이는 대선배인 이황을 마치 스승을 섬기듯이 예의 바르게 모셨다고 해요. 이것은 두 사람이 나와 생각이 다르다고 해서 함부로 깎아 내리지 않는 성숙한 사람됨의 모습을 갖추고 있었기 때문에 가능한 일이었지요.

대장간을 차린 선비

율곡 이이는 검소한 생활을 한 것으로도 유명해요.
하루는 이이가 손님을 초대해 함께 식사를 했어요. 그런데 밥상 위에 반찬이 아무것도 없는 거예요. 손님은 젓가락만 만지작거리다가 결국 식사를 하지 못했어요. 그런데 이이는 반찬도 없이 밥을 잘 먹는 것이었어요. 손님이 그런 이이가 딱해 한 마디 했어요.

"대감처럼 높은 분께서 어찌 이리 가난하게 지내십니까? 반찬 없는 밥상이라니요……."

그러자 이이는 싱긋 웃으면서 대답했어요.

"배고픈 것이 최고의 반찬이라오."

이이는 이렇게 검소한 생활을 몸소 실천하고 있었던 것이지요. 옛날에는 또 선비가 글을 읽는 일 이외에 몸을 써서 일하는 것을 천하게 생각했어요. 그러나 이이는 달랐어요. 이이는 해주에서 살 때, 대장간을 차리고 호미를 만들었어요. 직접 땀 흘려 일해서 번 돈으로 곡식을 사 먹었지요. 사람들은 이이의 이런 행동을 이해하지 못했어요. 그러나 이이는 주위 사람들의 시선에 신경 쓰지 않았어요. 실천하고 행동하는 사람이 참된 사람이라는 남다른 생각을 가지고 있었기 때문이었죠. 이이의 이런 사상은 훗날 실천적이고 실용적인 학문인 실학을 낳는 바탕이 되었어요.

▌읽고 나서 논술대비 – 생각 나누기 ▐

1. '현룡'이라는 이름을 '이'로 바꾸고 호를 '율곡'이라 지은 이유는 무엇이었나요?

2. 이이가 어렸을 때부터 남들과 다르게 뛰어났던 점들을 이야기해 보세요.

3. 이이가 벼슬길에 오른 뒤에 한 일에는 어떤 것들이 있었나요?

4. 이이는 높은 직위를 가졌지만 절약하고 검소한 생활을 했어요. 여러분이 절약할 수 있는 것에는 무엇이 있을지 이야기해 보세요.